池川明・未来見基の楽笑育児シリーズ1

脱ペアハラ・脱虐待でハッピー子育て！

産婦人科医・池川クリニック院長
池川明
胎話士・育児コーチングマスターコーチ
未来見基

新日本文芸協会

はじめに

池川明

お腹の中の赤ちゃんをはじめあらゆるいのちと会話する「胎話士」として、またリーディングセラピストやクライシスカウンセラー、コーチとして活躍する未来見基（ＭＩＫＩ・ＭＩＫＩ）さんは、四人のお子さんを持つお母さんです。一時はシングルマザーになりながら、子どもたちの個性を伸ばす子育てをしてきました。

素直にすくすくと育ったお子さんたちを見て、自分の子どももあんなふうに育ってほしいとあこがれる親御さんも多いようです。

そんな現在の親子関係からは想像もつかないのですが、未来見基さんは子どもたちが小さい頃、虐待をしていたと語っています。ご自身が子どもの時に、お母さんから「しつけ」といってては、ひどく殴られたり、叩かれたりした経験があり、同じことを自分の子どもたちにしていたというのです。

自己嫌悪に陥りながらも、しつけという名の虐待を止めることができなかった未来見基さんでしたが、ある日長男が未来見基さんのことを慈悲の目で見つめていることに気づき、はっとしたといいます。その時、「どうやらこの子は、私に虐待されることを承知の上で、私を助けたくて生まれてきたらしい」と思ったそうです。

それがきっかけで、未来見基さんは、「虐待を必ず止める」と決心します。そしてどうすれば止められるかを真剣に考え、実践していったのです。努力が実を結び、長男が五歳の頃には、すっかり虐待を止めることができました。今では幸せな親子関係を築き上げ、お子さんたちもそれぞれの道をしっかりと歩み始めています。

私は、この未来見基さんの体験が、多くの子育てに悩む親御さんたちにとってきっと参考になるに違いないと思い、今回対談をさせていただくことにしました。

「虐待は必ず止めることができる」

未来見基さんは、自らの体験から、そのことを悟ったといいます。

子どもを虐待してしまう人は、ほとんどが自分も小さい頃に虐待された経験を持っています。その体験が無意識のうちに染みついていて、自分が子どもを育てる時にも、つい同じことをしてしまうのです。この虐待の連鎖に親自身が気づき、子育ての方法を変えることができれば、必ず自分の代で断ち切ることができると未来見基さんは言うのです。

虐待に限らず、子育ての習慣というのは、家庭ごとに連鎖しています。その中には、過去から受け継がれるべき大切なこともありますが、時代に合わせて変えたほうがいいこともあります。特に今は世の中が大きく変化していますので、親が古い時代の価値観を植え付けてしまうと、子どもが将来社会に適応できなくなる可能性もあるのです。

実際に今、現代社会でうまくやっていけず、精神的なストレスに苦しんだり、引きこもりになる若者の増加が問題となっています。それも子育ての方法を変えた方がいいというサインなのではないでしょうか。

そこで対談では、未来見基さんと、虐待にとどまらず子育て全般に関しても、これからの時代に適応できる子どもたちを育てるにはどうしたらいいか話し合いました。本書ではその中でも、虐待についての話を中心にまとめています。

ただ、虐待といっても、行き過ぎた暴力行為をする場合などに限りません。深刻な虐待ではなくても、親が子どもを感情に任せて叩いたり、傷つけるようなことばかり言ってしまうというのはよくあることです。最近では「ペアレンツ・ハラスメント（ペアハラ）」と呼ばれるそのような子育てが、子どもの心に傷を残し、人生を生きづらくしていることが問題になっています。この対談は、子どもについついそのような態度をとってしまい、自己嫌悪に陥ってしまうような親御さんにとっても参考になると思います。

また今の子育ての主体となっているのがお母さんのため、対談中でも「お母さん」と言っている場面が多くでてきますが、お父さんを含め、育児に携わるすべての人に読んでいただきたい内容になっています。

この本の中では「お母さんやお父さんは、どう思っていますか?」というように、親御さん自身への問いかけを促す言葉がたくさんでてきます。それを自分自身に問いかけることによって、子育ての習慣を振り返ることができ、変えるべきだと思った点を変えられるようになると思います。実際に私のクリニックでのワークにも応用したところ、以前より子どもとの関係が改善し、幸せな家族生活を送れるようになったという方が数多くいらっしゃいました。ぜひ実践してみてください。

最後に、私がこれまで胎内記憶を長年研究する中で、子どもたちに教えられた大切なことをお伝えします。それは「子どもは、親を幸せにしたくて生まれてくる」ということです。お子さんたちは、親御さん自身が幸せになることを、心の底から望んでいるのです。

この本を読んでくださる皆さんが、お子さんたちの望み通り、幸せになり、お子さんや家族、周りの人たちを幸せにして、世の中に幸せの連鎖を広げていけるよう、心から願っております。

目次

親の暴力に苦しんだ過去

池川　私は虐待を受けた経験をお持ちの方々から、胎内記憶を聞くことがあります。その方たちはみんな、虐待されることを知ってお母さんを選んできたと言うんですね。わざわざ幸せのないおうちを選んで、お母さんを幸せにしたいと思って生まれてきたそうです。でもお腹に入ってから後悔したりするようですね。未来見基さんの場合はどうでしたか？

未来見基　私も上から見ていたのを覚えていますよ。お母さんがいつもキーキー言って、小さかった兄たちが歩行器で倒されたりして、よく泣かされていました。

池川　上から見えていたのに、わざわざ来ようと思って来たということですか？

未来見基　そうですね。お母さんを笑顔にしたかったんです。

池川　やはりそうですか。皆さんそうおっしゃるんですよね。「私が行ったらお母さんが笑顔になるかな」と期待するようですね。それでどうしたんですか？

未来見基　お腹に入って一生懸命「ママー！　そんなことやってはダメだよ！」と言って、手足も動かしたりして、いろんな方法で伝えようとしました。でも、全然気がつかないし、反応もないんです。その時の気持ちを一言でいえば、とにかく難儀だと思った、という感じでしたね。前世の記憶にあった母とのかかわりを思い出したりもしたんですけど、とにかく荷が重すぎる、生まれるのがいやだと思ったんです。

そして生まれる時になって、いやだと抵抗して突っ張ったんですけど、どうしようもない流れに巻き込まれ、大きな渦の中に引っ張られていったんです。まるでお風呂の栓を抜いた後にダーッと水が抜けるような感じですね。「あ〜れ〜〜〜！」と流されて、「わあ〜、行きたくな〜い〜！　もう本当にだめだ〜！」と思いました。

池川　同じような記憶を教えてくれた人がいましたよ。自分にはできると思ったんだけど、やっぱりだめらしいと気づくようですね。

未来見基さんは三歳頃から、お母さんがしつけのためと言って暴力をふるうようになったんでしたよね。それまではお兄ちゃんたちがされているのを間近で見ていたんでしょう？　その時は何か感覚はあったんですか？

未来見基　とてもいやでしたね。自分にもいつ来るのか、と思っていました。

でも私は女の子で、しゃべらないうちは、生意気でもなく反発しないから可愛がられていたんです。

池川　最初に殴ったり叩かれた時は、どんな出来事があったか覚えていますか？

未来見基　覚えていますよ。二歳か三歳の時でした。母が自分の手作りの洋服を着せて、私の写真を撮りたかったんです。その時に泣いた顔を撮りたかったようで、バチン！と叩かれました。

池川　泣いた顔？　どうしてですか？

未来見基　よくわからないんですが、とにかく母には自分の子をみんなに自慢したい気持ちがあったようです。その頃よく可愛らしい手作りの洋服を着せられ、バギーに乗せられて、母の大好きな銀座の歩行者天国に連れて行かれたのを覚えています。そうするとみんなに「可愛い！」と声をかけられ、注目を浴びるので、うれしかったみたいです。

それで写真も撮ろうということになって、その時に泣かせようとしたんです。大好きなお人形さんを急にパッと取り上げて、泣いたところを撮影したりもしていました。その時はものすごくいやでしたね。

池川　それが最初ですか。それはお母さんは覚えてないでしょうね。

未来見基　たぶん覚えていないと思いますね。

池川　それで未来見基さんとしては、わざといやな態度をとるようにしたんですか？

未来見基　わざとするつもりはなかったんですが、母が私の大嫌いだったフリルやレースを、一生懸命作って着せようとするんです。母にとっては、自分でこれだけのことをやったという形を残すことが、自己評価につながっていたんでしょう。手編みのレースのひざ掛けのようなものを作って、私を可愛らしくベッドにお人形さんみたいにして寝せて、笑っていないと「笑いなさい！」と強制されたりしました。

でも私は相手の自己満足のために、望んでもいないことをいろいろと、おもちゃみたいにされるのがいやだったんですね。だから抵抗したんです。

池川　そういうことも覚えているんですね。

未来見基　小さい時は言葉の認識はないんですけど、波動で相手の思いとかもすべてキャッチするんですよ。だから心の中と言っていることが違うエネルギーなのもわかるんですね。

よく「勘の鋭い子」「疳の虫が強い」なんて言われる子がいますが、あれはエネルギーを感じているんです。私も、親戚になんだか変にザワついた周波数のエネルギーを持っていた人がいて、その人に抱っこされるのがいやで、すぐに泣いたりしていました。

母の場合は私に対して、女の子だからきちんとしてほしい、女性としてこうであってほしいと思っていたんですね。要するにレディに育てたかったんでしょう。でも私にとっては、その観念に合わせたような洋服やしぐさを強要されるのが、一番いやなことだったんですね。だから母の言うことを聞かなかったんです。すると、しつけのためといってはひどく叩かれたり、殴られたりするようになりました。

今でも母は私のしている仕事や体格、服装を許せないんですよね。母から見たら私は縄文服みたいな服を着て、だらしがないと思うんでしょう（笑）。でも私はそうすることが好きなんです。「ごめんなさい、レディじゃない子が行きます～」って、生まれる前に教えてあげられればよかったんですけどね（笑）。

池川　「縄文人が行きますからね～」という感じですね（笑）。それがお母さんにとってはダメなんですね。

未来見基　お母さんにとっては、おしゃれでナウでないとダメなんです。

池川　そうすると、もともと赤ちゃんがお母さんの幸せを願って生まれてくるとしても、その気持ちは虐待された時は途切れてしまうものなんですか？

未来見基　それは途切れないで、ずっとありますよ。虐待は愛の裏返しでもあって、愛情が深すぎ、愛着が強すぎるから憎しみや恐れに変わるということも、子どもにはわかっているんです。

池川　なるほど、子どもは虐待されていても、親を思う気持ちがあるんですね。だけどやっぱり虐待されるのはいやですよね。

わが子へのいじめが始まる

池川　それで自分の子どもが生まれて、はじめのうちは同じことをしてしまったわけですか？

未来見基　生まれてから最初の頃は大丈夫だったんです。長男が生まれながらに奇形を持っていて、手術をするまではそのことで精一杯でした。始まったのは手術が無事終わり、次男が生まれて、一段落した頃です。長男が三歳ぐらいの時でした。結局その年齢も、私の母と同じだったんですね。

池川　最初に虐待したと思ったのは、どんな時だったんですか？

未来見基　自分が大事にしているおもちゃを次男に壊された長男が、怒った時でした。そんな時、小さい子ってすごい勢いで「ギャーッ！」と泣き叫ぶんですよね。それが耐えられなくて、外に出したんです。私が根気強くコミュニケーションを取りながら叱れればよかったんですが、当時はそれができなかったんですね。

池川　じゃあ、叩いたりはしなかったんですか？

未来見基　まだ最初は外に出していただけでした。

池川　子どもってそういうことをしょっちゅうやりますよね。そのたびに外に出していたんですか？　そういう時は上の子を怒るの？

未来見基　そうですね。そのたびに上の子を怒っていましたね。

車に乗っていても、言うこと聞かなかったりすると、道路の途中で「おまえ、ここで降りろ！」と言って、車から降ろして、置いていったりしました。でもそのうちに「ひどいことをしてしまったな」と思って、すぐに戻るんです。

池川　そういう時は上の子はちゃんと待っていたんですか？

未来見基　ちゃんと待っていましたね。

池川　えらいね。きっと泣いていたでしょう。

未来見基　そう、泣きながら待っているんです。

それを繰り返していたら、しゃべるようになった下の子が「ママちゃん、ゆるしてあげて」と言いはじめました。その時は自分も平常心があるから、「そうだね、やっぱりやめよう」と思うんです。でもカッとなった時は、気持ちを抑えることができなかったんですね。

子どもが許せないというのではなくて、自分が対応できるパターン以外のことを子どもがした時に、どうしていいかわからないから、叫んだり、ヒステリーを起こしたり、手が出たりするという感じでした。

池川　なるほど、**自分が対応できないからそうなってしまう**ということですね。しかも子どもってそういうことをわざとやりますからね。

未来見基　そうなんです。あらかじめ予測できるパターン通りにしてくれたら対応できるんですよね。でもその通りにはならなくて、「何もそこでこれをやらなくてもいいのに」と思うようなことをするんです。自分の許容範囲を超えると、パニックになってしまうんですよね。すると子どもはもっと泣いたり、ギャーギャーとうるさく言うわけです。それでさらにどうしていいかわからなくなって、ワーッと投げ飛ばしたり、叩いたりするんです。

池川　なるほど。でも未来見基さんは途中でそのことに気がついたわけですよね。虐待を止めるようになったのは、上のお子さんが五歳の頃、虐待している未来見基さんを慈悲の心を持って見ていたとわかってからでしたよね。

未来見基　そう、それで虐待を止める決意ができたんです。

心に余裕がないと虐待しやすい

池川　それからはどういうふうに止めていったんですか？

未来見基　まず、自分の意識や感情、付き合っている人たち、育ててくれた人たち、自分が住んでいる家や地域、食べていたもの、親を含めて生きていた時代など、環境や行動習慣を徹底的に見つめ直しました。

その中でよくわかったのが、心に余裕がなく、イライラしている時に虐待をしてしまうということでした。それで心に余裕を持てるように、生活や環境を変えていったんです。

たとえばたくさんの人に会ったり、いろいろな本を読んだりして、情報量を増やしていきました。さらに自分が今後どういうふうになりたいか、そうなるにはどうしたらいいかということを、よく考えました。

特に大きかったのは、親には反対されたけど、積極的に人に会いに行って、いろいろな人に出会えたことですね。本当に良い人にたくさん出会いました。みんな子育てについても、自分とは違う観点で見てくれるんです。私には気がつかなかった子どもたちの良さもわかりました。

本は、スピリチュアル系、心理学系や小説も読んだけれど、一番効いたのは児童文学や絵本でした。

池川　それは読んで聞かせるのではなく、自分で読んだということですか？

未来見基　自分でも読むけれど、気持ちが穏やかで落ち着いている時には、子どもにも読んであげていましたね。その良い言霊が良いエネルギーを作り、心の栄養を養ってくれました。

池川　なるほど。それは両方の子に読んでいたんですか？

未来見基　両方です。長男がお腹にいる時から読んでいて、四人になった時には四人全部に読んであげました。それも『いないいないばあ』のような赤ちゃん用の絵本でなくて、ちゃんとストーリーのある児童書です。

池川　なるほど。もともとそういう習慣はあったんですね。確かに児童文学は、良い人がちゃんと報われる話とか、きれいなことが書いてありますからね。それを読むのが大事なんですね。

未来見基　三番目に生まれた長女の時は特に、葉祥明さんの絵本のような、美しい心、平和な心、地球を愛する心のある良い絵本を読んでいましたね。お腹の子が自分で「これを読んでほしい」と導いていたんでしょう。

それが私にとっても、優しい思いやりのある心や、きれいな心をつなぎとめてくれたんです。

池川　じゃあ未来見基さんの場合は児童文学と、人に会うことが良かったんですね。

未来見基　それから東京から田んぼのある田舎に引っ越したことも大きかったですね。ちょうど「このままでは子育てがだめになる」と思っていた頃で、引っ越して不安がもっと出た部分もありました。それでも新しい環境で、土に触れたり、大きな空を眺めたり、空気を感じたりして、自然が私を癒してくれた面が大きかったですね。

それと音ですね。テレビやラジオを止め、うるさい音を消して、心が穏やかになるような周波数の音楽や、鳥の鳴き声、川のせせらぎのような自然界の音楽を聴くようにしました。

そうやって、広い空間で、もともと人の中にある広い心、美しい言霊や美しい音に触れ、癒されていったら、心に余裕ができるようになったんですね。すると子育てでもキャパオーバーにならずにすむようになりました。

池川　なるほど、なるべく心が癒されるものに触れるといいんですね。

ただ、広い空は美しいし、人の中に美しいものはあると思うんですけど、それを感じられない人も中には多分いると思うんですよ。そういう人はどうすればいいんでしょうね。

未来見基　基本的には、**少しずつでもその人なりにリラックスする時間を持つこと**が大事なんだと思います。それもいっぺんにやろうと思わないで、段階を経ていくことですね。

池川　未来見基さんの経験も参考になるけれど、ただその真似をすればいいわけではないんですね。**一人ひとりに合った、気持ちのいいものに少しずつ触れていって、少しずつ美しい心を養っていけばいい**ということですね。

未来見基　そうです。一人ひとり違うかもしれないけど、ただ必ず自分にぴったりなものに出会えるということは、百パーセント確実に言えますよ。

池川　何がリラックスするか自分で探していけば、必ず見つかるわけですね。

未来見基　ただし気をつけたいのは、人間は痛みを与えると、どうしても快楽に逃げてしまう本性があるということです。逃げるための快楽と、本当に安心・リラックスして落ち着くことは全然違うので、そこは区別しなければいけないと思います。

池川　そうですね。**逃げて見ないようにするのではなくて、問題と向き合う力を与えてくれるような、そんな心地よいものを見つけること**が大切ですね。

その心地よい感覚が、虐待経験者の中にはわからなくなっている人がいるかもしれませんね。未来見基さんはどうやってその感覚を思い出していったんですか？

未来見基　私の場合は、そもそも小さい時から、母が忙しくてイライラしている時間帯に家にいると怒られるので、わざわざ外に出て、草木や花、大地のような自然や、犬などの動物と触れ合う時間を持っていたんですね。親から離れた時に、その自分の好きな時間を取り戻せたんです。

池川　なるほど、子どもの頃好きだったことを思い出すのも大切かもしれませんね。親御さん自身もなるべく自分の時間を持って、その世界にひたれるようにするといいですね。

さらに子どもにもそういう時間を持たせてあげれば、虐待の連鎖を止めるひとつのきっかけになるかもしれないですね。

それはぜひ皆さんにも参考にしてほしいと思います。

♥虐待は子どもの言動が親の許容範囲を超えた時に起こりやすい。お母さん・お父さん自身が、リラックスできることをしたり、自分の世界観にひたれる時間を持つなどして、心に余裕を持つようにするといい。

虐待が連鎖していると知る

未来見基　虐待という字は「逆対」なんです。本来したいことと逆の対応をしてしまっているだけなんですね。だからその逆の対応をすればいいんです。

池川　そうですね。問題はなぜ逆の対応をしてしまうか？ですよね。

未来見基　自分がそういう対応をされてきて、それしか知らないというのが、まずあると思いますね。そういう時は、もっと子育ての引出しの間口を増やしてくといいですね。私たちは、生きていく時の選択肢があまりないと思ってしまうけれど、そうではなくて、いろいろな道に進むことができるんです。まずはその選択肢を知ることですね。

いろいろな人たちと出会って、さまざまな生き方や考え方に積極的に出会うことも、選択肢を広げてくれると思います。

池川　未来見基さんのように、生活習慣を変えることも効果的ですね。

未来見基　いくつかの環境条件がそろったら、その家で繰り返してきた虐待のパターン、輪廻は、いくらでも簡単に止めることができます。

池川　虐待は連鎖しているんですよね。それに気づくことはとても大切ですね。同じ虐待といっても成り立ちはそれぞれ違うので、**自分が過去の経験を振り返って、自分で見つけていくよ**

うにしていくことですね。

そもそも、親にされた通りにしていることに気づいていない人も多いと思います。みんな「私がこうだからいけないんだ」、「自分が悪いからだ」と自分を責めてしまうけど、ただ自分がそうされてきたから、同じことを繰り返しているだけなのかもしれないんです。**自分のしていることが前の代から繋がっているかもしれない**、ということをまず知らないといけませんね。

過去からの連鎖があったとしても、そのことに気づいて、自分がそれを止めるんだという意識を持てば、必ず断ち切ることができると思います。

未来見基　人によって時代背景や、生まれ育った地域が全然違いますからね。**まずはその背景をよく見てみること**ですね。

池川　その時、自分と親の代だけではなくて、親とおじいさん、おばあさん、ひいおじいさん・おばあさんとの関係など、先祖代々の経験をずっとさかのぼって見ていくといいでしょうね。

そうすることによって、たいていは魂、DNAレベルで覚えている感じがあり、自分で思い当たる原因が見つかるはずです。それを探し出すことができたらきっと変わると思いますよ。

虐待は連鎖していることを知り、自分が育った家庭の歴史や環境などをよく振り返ってみる。

体験をプラスにしていく

未来見基　自分の置かれた環境がどんなものだったか振り返る時は、**良いか悪いか判断するのではなく、ありのまま見ていくことが大事**ですね。

池川　そう、大事なのはそこなんです。良い悪いの前にまず、**虐待というのは社会にもともとあるものだと認識したほうがいい**と思います。それはぜひ皆さんに言いたいですね。

みんな虐待はあってはいけないものだと思っているでしょう？　でもそれは昔からあるんです。親が子どもに暴力をふるうことも、いじめも、人間だけではない。自然界にはあることなんです。自分が受け入れられないものに出会った時、強いものが弱いものをいじめるという本能が、動物には備わっているんです。

魚の水槽に新しい金魚を入れたら、新しい金魚はいじめられます。だけど外に一度出してシャッフルすると、テリトリーを探すのに一生懸命になるから、いじめはなくなるんですね。植物も同じで、強い種が来るとワーッとそればかりが増えて、在来種がいなくなるでしょう？　それだけ相手が強いんだけれど、だからこそ在来種も負けないように頑張って強くなるんです。それが生存競争のひとつの形なんですね。

虐待についても同じことがいえるんです。それが良いこととは言えないけれど、少なくとも

「虐待をする人だけが悪い」というのは違うと思うんですね。むしろどうしてそういう行動をとるか、その背景に意識を向けてほしいですね。

未来見基　そうですね。虐待というのは、肯定すべきことではないけれど、今始まったことではなく、私たちが築き上げている近代文明よりもさらにずっと昔から、人間界にはあるものです。それを乗り越えてきた事実もあれば、それによって悲劇を生んでトラウマになってきた事実もあるんですよね。

池川　そう、そしてそこで負けるようだったら種は滅び、物質的にも消え、歴史からも消えていくんです。だからそこに**打ち勝つような形で乗り越えていかないといけない**。負けないように成長するしかないんです。強いもののおかげで鍛えられ、逆に相手を滅ぼすということも、歴史上はたくさんあったんです。

未来見基　違う言葉で言ったら、それが進化、発展、向上に繋がっていくものなんですよね。

池川　そうです。だから逆に、**どうやってそれによって自分たちを向上させていくか**というところに意識を向けたいですね。

未来見基　虐待が繰り返され、決してやまないのは、ネガティブなところだけにフォーカスされているのも一因ですよね。

池川　そうなんです。良いと思っていることが本当は良くなくて、良くないと思っていることが本当は良いということもあるんですよ。虐待を向上の機会ととらえて、乗り越えることができれば、その経験は、その人にとって大きな力にもなるんです。見方を変えれば変えられるわけですね。

ところが今は皆が「虐待はいけないことだ」、「親が悪いんだ」というところばかりを見ていますよね。**親が虐待せざるを得ないような状況に追い込まれていたのだったら、根本的な原因をもう一度探っていくことが大切なのに、「世の中こうでなければいけない」とか「良い・悪い」で区別していたら、なかなかその原因にも気づけないんです。** だけど原因がわかればこそ、虐待を乗り越えてプラス体験にすることもできると思うんです。いわば逆の態度の「逆態」をとることができる、ということですね。だからそこから見直していきましょうと言いたいですね。

そして、そのままでいく、変えないでいくという選択肢もあるんです。たとえば前世でゆるの親子で失敗したから、今世は厳しくいこうという人生かもしれません。とことんやり抜くことで、学びがあり、気づくこともあるでしょう。「変えなくてもいいんだ」という人は、それで結果がどうなるかを世の中の人に知らせる大事なお役目があるのかもしれません。でも変えようと思ったら変えられるし、どちらもできるという選択肢の中で選んだらいいと思います。

次に何が起こるかわからないというのも、それはそれでまた面白い人生になるわけですからね。煮詰まった人はなかなかそこまで思えないでしょうけどね。

未来見基　本当はそのドラマみたいな毎日を、楽しむ気持ちになれればいいのかもしれませんね。

♥虐待は悪いものとばかり判断されがちだが、人間が向上するために役に立ってきた面もある。良い悪いで判断せずに振り返ってみることで、その経験をプラスにすることもできる。

習慣は変えられる

未来見基　虐待は過去から受け継がれて身についた、ただの習慣でしかないんですよね。習慣だから、変えようと思えば変えられるんです。

池川　逆に習慣だから、ダメだとわかっていても、変えられなければ続けてしまうんですよね。人間はひとつのことをずっとやっていたら、それを変えるのがなかなか大変ですからね。そこでどうやって行動変容を起こすかが問われるんでしょうね。行動が変容すれば、人生は変わります。

たとえば子どもが大きな病気やけがをして、もう命がなくなるかもしれない、というような時は変容が起きやすいでしょう。そういう大変な思いをして変えるというのも、ひとつの人生かもしれません。

でもそのままいったら大変になってしまうことも、もし最初に気がついて行動変容が起きたら、経験しなくてすむかもしれませんよね。だったらまず自分自身が努力して意識を変え、行動を変えられたらいいですよね。

その時に、もし自分が虐待されていたのだったら、虐待した親の気持ちまで考えられるといいですよね。「相手はどうしてそうしたのだろうか」という背景をくみ取ることができれば、変えるのが楽になると思います。

未来見基　まさにその通りですね。親から暴力を受けたり、ひどいことを言われたりした経験は、なくすことはできません。でもそれを感じて受け止める意識は、書き換えることができるんです。

人は過去に起きた出来事や言われたことは消せないし、現状も変えられないけれど、**過去にあったことに対する自分の感情の状態は、変えることができますよね。それができたら、虐待の経験を自分の強みにすることもできるんです。**

池川　意識の書き換えですよね。それができれば過去のつらい経験も乗り越えることができると思います。

この時、「あの人はどうしてそう言うのか？　なぜそういうことをするのか？」という思考を持つといいんでしょうね。誰かが人に何かを言ったり、何かをする時、なぜそうするかはその行動をとった人の中に原因があるので、それを考えてみるということです。

相手の状況がこうだからこうされているんだとわかると、あまり腹が立たなくなってくるものなんです。

虐待は習慣なので、行動変容を起こして、変えていくことができる。変容は自分を虐待していた親の気持ちが理解できると、起こしやすい。

何が幸せかを考える

未来見基　それから、**今の習慣を変えたかったら、「本当にそれでいいの？」「自分の生き方はこれで幸せなの？」ということを自分によく問いかけるといい**と思いますね。

池川　そう、私たちの目指している最終的なゴールは、やはり「幸せ」なんですよね。親は本当は、子どもが幸せになってくれることを望んでいるはずなんです。

ではその子どもにとっての幸せとは何か？といえば、親が幸せであることなんです。胎内記憶の調査では、子どもたちが「親を幸せにするために生まれてきた」と言うんですね。今親となっている人たちも、かつて**子どもだった頃、何が自分にとって幸せだと思っていたかといったら、自分の親が幸せであることだったん**です。

つまり、親が幸せだったら、それだけで子どもも幸せなはずなんです。

実際に幸せな親は、虐待を起こしにくいということもあります。だから今虐待されている子どもたちも、親が幸せになれば幸せになれるんですね。

それなら親自身がまず、幸せにならなきゃいけないですね。**どうしたら自分自身が幸せになるか？というところにも意識を向けていくといい**と思います。

でもよく考えてみると、多分今でも本当は幸せなはずなんです。

未来見基　今ある幸せに気づくということは、とても大事なことですね。自分の行動や環境を見直したら、そこで今の幸せを見つける作業をぜひやってほしいと思います。一見、そんなことやって何の効果があるかわからない、と思う人もいるかもしれません。でもそうやって自分で考えて、答えを導き出していく訓練を、大人になってもう一度することがとても大事なんです。

さらに幸せに気づかせてくれる人や、その作業をサポートしてくれる人がいるといいですね。

サポートする人は、とにかくリラックスできる人であり、話を聞いてくれる人がいいでしょう。時には傾聴ではなく、スキンシップが必要な場合もあります。ほかにも、自分に良い影響を与えてくれそうな人に出会うことや、すでに同じことに成功した人の真似をしてみるのもいいと思います。

そのようにして、人の力も借りてもいいので、虐待以外のコミュニケーションの方法を学び、スキルを身につけて、習慣を変えていくといいんですね。それが準備期間になって、ある日突然、瞬間的にパッと自分が変わり、虐待しなくなる時がくるはずです。

その変化は一瞬にして起こるものです。でも一瞬で起こるためには必ず準備期間があります。この期間が大事なんですね。

ただ、これに付き合ってくれる人がなかなかいないのが現状ですね。出産でいえば、生まれる瞬間だけでなく、それ以前の「そこが痛い、ここが痛い」「陣痛がきた、止まった、またきた」というような面倒な場面に何時間にもわたって付き添ってくれるような、余裕を持った医療ができればいいと思うんです。でも今はそういう対応がなかなかできていないでしょう?

これからは一緒に「痛いね、苦しいね」というように、気持ちを共有してくれる施設・機関や人というものが、非常に求められてくると思います。虐待も同じで、準備期間から親のことを理解し、付き合ってくれるような人でないと、表面だけではサポートになりにくいんです。

池川　その通りですね。ただ、そこで付き合ってくれる人は少ないかもしれないけれど、必ずいるはずです。本当に変えたいと思って、そこに意識を向けていれば、出会いがあった時に絶対に見逃さないんですよ。

今の自分の幸せに気づかせてくれる人、習慣を変えるサポートをしてくれる人と付き合う。なかなか見つからなくても、意識して情報をキャッチすれば必ず出会うはず。

子育ての洗脳を洗い直す

未来見基　そうやって変えていけば、虐待という習慣は簡単に乗り越えられるものなんです。**虐待は止められないというのが常識のようになっているけど、それは嘘**なんです。だから「必ず止められるものだ」というように、意識を変えることも大事ですね。

意識を変えるには、ステップがあるんです。洗脳は「洗う脳」と書くでしょう？　まず常識が染みついた脳を洗うことです。次に何をするかと言ったら、「閃脳」。閃（ひらめ）く脳にするんです。「そうだったんだ！」とひらめくと、意識の書き換えが起こる。そうしたら「染脳」で染め直すんです。わかりやすいでしょう（笑）。

池川　いいですね。**洗脳して閃脳して染脳する。**センノウの三乗ですね（笑）。虐待というのは洗脳の結果だから、洗い直すわけですね。これからは意識を洗い直す時代がきそうですね。

未来見基　そうなんです。私たちは毎日顔も手も体も洗うし、洋服は洗濯しますよね。たとえば一週間洗っていないパンツを履けといわれても、特に女性だったら、生理的にいやですよね（笑）。それなのに**どうして意識を洗い直さないの？　なぜ一〇年、二〇年、三〇年前の意識をいつまでも持っているの？　いつ意識を洗うの？**と言いたいんです。その大切さを家庭でも、学校でも職場でも教わらないでしょう？　でも体や服を毎日洗っているように、意識も使ったぶんだけ洗わなくちゃいけないと思うんです。

私自身、子どもへの虐待をなぜ止められたかと言ったら、洗脳を解いて、自分の都合の良いように染脳したからなんですよ。脳の中に染み込んだものを洗い流して、閃く脳にして、違う価値観や意識を持って、染め直して、たっぷり染まったら、もう習慣は変わっていたんです。

池川　今ある虐待をなくすためには、虐待する親の意識を染め直すことですね。

未来見基　洗い流すためには、**影響を与える自分の親や時代の価値観と距離を置く**ことも大切ですね。時には物理的にも離れた方がいいこともあります。

「私の代は自分の親のこの考え方でもいいけど、これから先は変えるべきだな」と思ったら、親を怒らせても、どんなことを言われても、一線を守って壁を作ったほうがいい時もあります。一時的に交流を絶つことも必要かもしれません。

それから、情報メディア、テレビでなどでも感情が動かされますよね。たとえば流行っているものを見て、自分のやり方でいいのかな、遅れているんじゃないかなと心配したりすると、それが他者の価値観への依存を生むんです。そういった依存しやすいものから離れて、染脳できるような場を整えていくことも大事ですね。**そのようにして条件を整えていったら、意識を変えるのはだれでもできる**んです。

人間の持っている能力には本来限界がなく、果てしなく無限なんですよね。その能力を引き出すのはイマジネーションの力です。**虐待も、意識を変え、連鎖を止めるというイマジネーションを持てるといい**んです。

私の行っている胎話も、「本当かどうかわからない、でもあたっているかもしれないな」というイマジネーションの世界なんです。でも出会った人たちはそのイマジネーションを利用して幸せになっているわけですね。

池川　そうやって価値観を植え付けていたものから離れ、洗脳を解いて、染脳していくわけですね。

未来見基　さらに、洗脳を解いた時に、**自分自身の能力に対する自己評価を高めていくことも大事**ですね。自分を評価できると、満たされた気持ちになります。そうすると、子どものことも認め、受け入れることができるようになるんです。

ただ、ほめられることに慣れていない人は、最初はほめられると委縮してアレルギー反応を起こすかもしれません。でもそれも言われつづけていると、だんだん外れていくんですね。

ほめられることを受け入れ、自分自身を認められることができると、自分を解放し、自分らしく生きられるようになります。そうすると自分にぴったりの生き方や価値観を共有できる人とも出会えて、だんだん自分の心の中に安心感や余裕が広がっていくんです。そしていつの間にか自分が夢中になっていたことを思い出したりするようになるんですね。そうするとさらに良いイマジネーションを持ちやすくなり、虐待する気持ちが起きなくなるんです。

時には子どもを預けてでも、そういう機会を作ることが大事だと思います。ただその時に親の価値観を断ち切りたいなら、自分の親には預けない方がいいですね。みんなつい親に預けてしまいますけどね。

池川　その方が楽だし、お金もかかりませんからね。でも後で面倒な、お金かかるようなしつけをしてくれるかもしれないですよね（笑）。

未来見基　そう、お金では解決できないような影響になったりもしますからね。子どもを預けるなら、子どもの面倒をみるのが大好きで楽しいという人たちがいて、子どもも淋しい時もあるけど待っている時間が楽しくて、安心・安全で、気持ちよくて、お迎えに来た時に快く迎えてくれるような環境がいいですね。

自分の親だと「預かってあげるよ」と言っても、途中でいやになったり、「本当にお前のお母さんはダメだね、いつもこうであんなで」なんて言われていたら、またそれが洗脳になってしまうんです。

池川 その洗脳を解くのはすごく大変そうですね。

虐待は簡単に乗り越えられる。「乗り越えられない」という洗脳を解いて、閃脳して染脳し直す！ それには価値観を植え付ける他者と離れ、自分が意識を変えられるような環境に身を置くといい。

今から作り直していけばいい

未来見基 そうやって習慣を変え、意識を変えていったら、**未来を作っているのが今だという**

ことを意識して、今ここから少しずつ作り直していけばいいんです。

私もずっと親と同じことを繰り返しながらも、そうではない、本当はやりたくないんだという葛藤を抱えながら生きていたので、

「自分がいったい親から何を受けていやだったのか？　本当はどうしてほしかったのか？」

「相手が本当は何を言いたかったのか？　自分だったらそれを伝えるのにもっといい方法はないか？」

ということを徹底的に考えました。親のしたことを、良し悪しで判断するのではなく、自分自身の「子どもに何かあったら、こういう態度で接する大人でありたい」という思いを確認するんですね。そしてそれを実行していったんです。

子育てというのは、自分の思いを実行する機会でもあるんです。それが成功すれば、子育ての伝承の書き換えになるわけですね。

池川　そうすると、子どもをすごく叩いたり、暴言を吐いたり、虐待をしてしまうという人に対しても、

「あなたはどうして叩くんですか？　子どもの時に自分も叩かれていたからですか？」

「本当はどうしてほしかったんですか？　それを自分の子どもにもしてあげたいと思いませんか？」

というような問いかけをするといいんでしょうね。

自分が叩かれたことがなくて叩く人はあまりいないようですけど、記憶にない人はいるかもしれないですね。

未来見基　その問いかけは大事ですね。子どもを叩いた後に後悔しないんだったらいいかもしれませんが、叩いた人は絶対後悔しますからね。そういう時に自分に聞いてみるといいですね。

池川　叩いた時は、どんなふうに後悔するんですか？

未来見基　なぜこの手が出てしまったんだろう、もっとほかにもやり方があったはずなのに、と思ったりします。そして自分の理想としている姿ではない自分になってしまったこと、また同じことを繰り返してしまったこと、親と同じことをしてしまったことなどに対して、罪悪感が残るんです。

池川　確かに多くの親御さんが、直そうと思ってもまた同じ対応をしてしまって、罪悪感を持つとおっしゃいますね。

未来見基　そんな時に、なぜそうしてしまうのかを自分に問いかけて、態度を変えるきっかけにしてほしいですね。

自分が親に何をされていやだったか、自分がどうしてほしかったかを考え直し、それをもとに子育ての方法を変えていくといい。

体の動きを変えてみる

未来見基　それから、意識や感情を変えていくには、理論や理屈だけではなく、体の動きも変えていくといいんですね。落ち込んでいたり、悩んでいる時、体はどうなると思いますか？

池川　固くなりますね。

未来見基　固くなって、必ず下を向きますよね。上を向いて「私は落ち込んでる！」と言う人はいないですよね。そういう姿勢の時にどんなに良い言葉を浴びても、入っていかないんです。

池川　確かにそうですね。

未来見基　私もよくセッションの時、クライアントに「ちょっと一度立ち上がってみませんか？」とか、「手を上に指して、そちらを見てみてください！」などと言って、視線を上にしてもらうことがあります。その後で「ところで、どんなことがいやだったんですか？」と聞くと、「えーっと、えーっと」と急に思い出せなくなったりするんですね。

これは本当にかなり効いて、うつ症状の人にしたら一〇人中一〇人が成功しました。

視線と脳の回路とが関係しているパターンがあって、上を見ると、いやなことを思い浮かべる思考にならず、未来のことを考えやすいそうです。

池川　**上を見ると未来に、下を見ると過去に行く**んですよね。

未来見基　だから坂本九さんの「上を向いて歩こう」は良い歌なんですよ。

池川　人は形から入っても元気になるんですよね。笑顔もそうですね。笑顔になると免疫細胞の一つであるNK細胞が増えますから、いやな時、つらい時でも笑顔になってみるといいですね。

未来見基　行動や態度から、感情も変えられますからね。子どもにカーッとなって「だから言ったじゃない！」と言いたくなった時に、上を向いて言うと、明るく楽しい雰囲気になって、怒れなくなってしまうんです。

池川　**ニコッと笑って上を向く。**それをやってみましょう。

未来見基　それから胸腺もポイントですね。胸腺を開くのはすごく大事なんです。

胸腺にリンパ液のトレーニングセンターのようなものがあって、免疫力を強化する作用があることが、最近わかったそうです。確かに、傷ついた、怖かった、悲しかったという時に、胸腺がギュッと締めつけられて痛くなるような、小さくなるような感じがありますよね。

胸腺は新生児の時はすごく大きいんですね。ところがだんだん年を取るにしたがって小さくなって、徐々にその威力をなくしてしまうそうです。だから胸腺を叩いて刺激したり、温めたり、さするといいようです。

私が子どもの頃、ママが子どもの胸に風邪薬を塗るというコマーシャルがあって、私は風邪をひいて寝込んでも、母に「おまえの生活態度がだらしがないからそうなるんだ！」なんて怒られていたので、それがすごくうらやましかったですね。「そんなことはいいから手を胸に当てて。それだけで治るから！」なんて思っていました（笑）。胸をさすってもらうだけで安心するということが、子ども心にわかっていたんでしょうね。

体の動きを変えると気分が変わり、意識も変えられる。特に上を向くこと、笑顔になること、胸腺を刺激することが効果的。

ストレス発散の方法を見つける

池川　それと育児中のお母さんやお父さんは、つらい思いをすることがいろいろあるでしょう？　でも子どもには親のつらい気持ちがわからないんですよね。

『自分をえらんで生まれてきたよ』（サンマーク出版）のいんやくりお君のお母さんが教えてくれたんですが、りお君は最初、おじいちゃん、おばあちゃんやお父さんが抱っこした時は泣かないでニコニコしていて、お母さんが抱いた時だけ泣いたそうです。お母さんは自分だってつらい状況なのに、あんまり赤ちゃんが泣くものだから、泣いて叫んだそうです。「あなたは私のこと嫌いなんだ！　私だって好きで帝王切開になったわけじゃないんだ！」って。そうしたらりお君がきょとんとして見て、それから泣かなくなったそうです。

だからお母さんもそうやって時々爆発したほうがいいと私は思うんですよ。そうしないと子どもにはわからないこともあるんです。お母さんが騒げば、子どもも騒ぐかもしれません。だけどお互いがちょっと落ち着いた時に、きちんとコミュニケーションを取ればいいんです。

自分が親にされたのと同じように、子どもにも暴力をふるってしまった時は、「お母さんも同じようにされて、つらかったんだ」と説明してあげることも大事ですね。そうすることによって子どもも理解してくれて、お互い変われると思うんです。

未来見基　私もよく車を運転しながら、「なんで私はこんなんなんだよー！」なんてわめいたりしていましたね。

池川　わめきたい時はわめき、叫びたい時は叫んだほうがいいですよ。だけどご近所さまに聞こえたら、「あそこの家、おかしいんです」って通報されちゃうかもしれないですけどね（笑）。

未来見基　そう、だからちょっと人里離れた場所に行って騒ぐといいですよね。虐待を止めるには、意識や食などもそうですけど、場所を変えることも大事ですね。

池川　ロックミュージックを聴いてみんなで踊りまくるとか、カラオケとかもいいかもしれませんね。昔から日本には春夏秋冬に祭りがあって、騒いだんです。日本人は騒ぐエネルギーをもともと持っているのに、今はみんな叫んじゃいけないと思っていて、叫ぶことがないから、そのエネルギーを使っていないんですね。でも叫ぶというのはすごくストレスの発散になるんです。

未来見基　ストレス発散の方法といえば、日本では池川先生がおっしゃるように声を出したり、体を動かすというのが今までの主流でしたけど、最近は変わってきていますよね。

最大の娯楽産業がパチンコで、煙の中で何時間もじーっとやっているんですよ。でもあれは、実は集中力を高めるために一役買ってると思うんですよ。そう考えると、日本はまだまだ捨てたもんじゃないと思いますね。

池川　確かにそうですね。昔はそれでも手を動かしたりしてたけど、今はそれもほとんどなくて、ずっとただ見てるだけですからね（笑）。

未来見基　そう、しかも早起きして、朝からものすごい長い列を、横入りもしないでお行儀よく並ぶでしょう？　そこに日本人のマメさがありますよね。そこまでして行って、騒音とタバコの煙の中で、お尻や腰も痛くなるのを我慢して、ただ画面を一日中ずーっと見てるんですよ。

パチンコをやらない人にとっては、いくら「やれ」と言われてもできないでしょう？　私だったら無理ですよ。ものすごい集中力ですよね。それって素晴らしい才能だと思うんです。その才能溢れる人たちが日本全国津々浦々に、何千万人もいる国ってすごいと思いませんか？

パチンコをしない人は、している人をさげすむけれど、実は日本人のストレス発散に最大の効果を発揮している産業でもあるんですよね。日本の性犯罪が外国に比べて少ないのは、パチンコのおかげが大きいとまで思うんですよ。

池川　なるほど。確かに性犯罪の少なさに貢献しているかもしれないですね。最近はそのパチンコにも行けないくらいお金のない人たちも増えてきてるから、ストレス発散のために、パチンコ代を渡してあげたらいいかもしれませんね。

未来見基　一円玉渡して、それで球が借りられたら一発勝負ですよ。一円玉が制するんです。九九九九円と一万円だったら喜びが全然違いますからね（笑）。

池川　ははは、それは面白いね（笑）！

未来見基　こうして笑うことも大事ですね。笑っていると視床下部が活性化されて、心が開くんですよね。そういう時に、いやなこと、不幸せなことを考えろとか、虐待を思い出してと言われても無理なんです。まず笑ってしまうこと、これもまた意識の書き換えになるんです。そんな場をつくることも大事ですね。

筑波大の村上和雄先生が、笑いで病気が治る研究をしたけれど、本当に笑いの効果は絶大ですよ。

池川　今まで眠っていた遺伝子の能力が、スイッチオンになるんですよね。

泣きたい時に泣き、叫びたい時に叫び、笑いたい時に笑うことも大事！

同時代を生きるチームが世の中を変える

池川　虐待する人が、そうやって遺伝子の眠っていた機能を呼び覚ませるくらい、見方を変えられる人に出会えるといいですよね。どうすれば出会えるんでしょうね。

未来見基　こんなふうに、笑ってスイッチオンになった人を増やして、それを伝染させていくことですね。

池川　なるほど、お笑いウイルスの流行ですね（笑）。

未来見基　そう、小さなウイルスもちょっとしたことで簡単にワーッと増えますよね。自然界とはそういうものなんです。一粒万倍というように、たった一粒の米が一八〇〇粒くらいの種をつけ、一本のリンゴの木が毎年実を四〇〇～五〇〇個つけることができるんですよね。**人間はそんなに子どもは産めないかもしれないけど、意識のエネルギーはそれくらい拡大させることができるん**です。

実際に一〇年くらい前は「お腹の赤ちゃんにも意志があって、お話できるんだよ」とか「子どもは親を選んで生まれてきているんだよ」と言っても誰も信じなかったけど、池川先生の活躍のおかげで、今ではみんなそれが当たり前になってきているでしょう?

「虐待は止められない」「虐待は乗り越えられない」と思い込んでいる人がいたとしても、「簡単に乗り越えられるよ！」という人が一〇〇人になり、やがて一億人、一〇億人と増えていけば、「そうか、乗り越えられるかも」となるんです。

池川　そうですね。新生児が笑うという話も、少し前まで信じられていなかったのに、「うちの子、笑ったんです」という人がでてきて、そうしたら「本当にそう思う」という人が増えてきましたからね。それがまた相乗効果になっていくんですね。

未来見基　「胎話」のことも、私も先生も「信じてください」なんて一言も言ってないんですよね。それでも信じる人が増えてくるんです。

池川　「いや、信じなくていいですよ、危ない世界ですから」（笑）

でもこういう話をしつづけているだけで、わかる人が出てくるんですよね。それが常識になれば世の中が変わりますね。

未来見基　虐待についても、本当は必ず止められるということが、そのうち常識になると思います。

今はこの世の中を良くしていきたいと思っている人が多いんです。胎話や胎内記憶の話の中で、それが生まれてきた目的だと言う子も多いんですね。私自身やうちの子どもたちもそうです。もちろん誰もが、心の中にその気持ちを持っていると思うんです。

世の中を良くする方法といっても、人それぞれ違います。でも私たちが同時代に生きているということは、**今の世の中に対して、自分の代で直していく一つのチームでもある**んですよ。

池川　本当にそうですね。私たちみんながそのメンバーなんですよね。一人ずつがバラバラに生きているわけではなく、**本当はみんなで力を合わせて、この世の中を変えられる**んです。だから今同じ時代に生きているんですね。

未来見基　そう、だから本当の世直しとは何かと言ったら、立派な政治家になって何かをしようということだけではなくて、自分の代で直すこと、変えていくことだと思うんです。

家族、家系も一つのチームです。これまで命のバトンタッチをしてもらってきて、今自分の代にバトンがわたされたわけですよね。その自分の代でどう立て直していくか、どう意識を切り替えていくかが、未来の代につながるわけです。

未来を見る、これからの時代を見るということも、過去の要因を追いかけていくのと同じように重要なんですね。こうあってほしい、こうなっていたいという未来を考えてみてください。どういう未来がいいですか？　もし子どもが自分と同じような立場で同じようなことをしていたらどう思いますか？　自分やよその子が同じことをした時に、どう対応できる大人でありたいですか？

人はどうしてもネガティブな方ばかり見てしまいがちです。ネガティブになってもかまわないんですが、その分自分がこうありたい、こんな行動をしたいという光の部分、理想とする未来像にもちゃんと意識を持っていって、バランスをとるよう訓練していくといいと思います。

今の時代に生きる私たちはみな、これからの世の中を良くしていくチームのメンバーでもある。ネガティブに思える過去を振り返ったら、これからこうありたいというポジティブな未来も見る。

暴力的なしつけをする場合

池川　それから、「今ここでこの子を叩いて怒らないと、こういう子になっちゃう。だから私はしつけで叩くんです」と言う親御さんがいますよね。しつけという名の虐待もあると思います。

そういう親御さんに問いかけたいのが、

「それって今ここで叩くと、本当に完璧に止められるんですか?」

「しつけるのに叩く以外の方法はないんですか?」

「一番それが有効ですか?」

「それがあなたが望む本当の幸せの姿ですか?」

ということです。よく考えてみたら、みんなやはりノーと言うはずなんです。

未来見基　叩けば、親は「自分が叩いちゃった」といういやな気持ちになって、子どもにとっては痛いだけの記憶になって、恨みと後悔だけが残るわけですからね。

池川　**「あなた自身は叩かれて自分の性格を変えたいと思いますか？」**と考えたら、誰も変えたくないと思うし、実際に決して変わらないですよ。

奥さんが旦那さんに「お前、ちゃんと三つ指ついてあいさつするような女になれよ」と言われて、すぐやれるならいいけど、普通は腹立てるでしょう？　無理ですよね。それを子どもにやれと言っているんだから、冷静に考えたらできないと思うはずですよ。その**「自分が変わらないのに、どうして他人が変わると思うんですか？」**というところを、私はまず問いかけたいですね。

未来見基　それは単に「子どもがこうしたらこうすべき」という思い込みやこだわりが身についていて、習慣でしていただけなんでしょうね。自分を見直してみて、子育てに思い込みやこだわりがあることがわかったら、「何？このこだわりは。このこだわりは持ってていいの？」と考えて、いらなければ外していけばいいんです。トレーニングをすればこだわりは外れていきますよ。だから「自分を変えられないんじゃないか」と心配する必要は全然ないんです。

池川　よく考えたら自分が思い込んでいただけだったということはありますからね。それに気づいたら変えられるようトレーニングしていけばいいんですね。

- 力ずくで人を変えるのは無理だと自覚する。
- 今している子育ての方法を見直し、いらない思い込みやこだわりがあったらそれを外していくようにする。

しつけの奥の愛情に気づく

未来見基　しつけだと思ってたとえば暴力をふるうということは、こうあってほしいという期待と要求が強いからなんです。だからこそ子どものすることが気になるし、手が出てしまうんですよね。それは子どもを深く愛しているからでもあるわけです。その気持ちに親御さん自身が気づくことも大切ですね。

池川　たとえば叩きながらも「お母さんはあなたのことをとても愛しているんだよ」とか「お母さんはあなたを産んですごく幸せなんだよ」って言っていたら、子どもには通じるんでしょうか？

未来見基　通じると思います。私も、今は暴力的な部分をコントロールすることができているけど、かつてのような破壊能力はまだ持っていて、スイッチが入ったら自分を抑えられないと思うんです。実際に虐待の連鎖を乗り越えてからも、子どもたちについつい手を出してしまったり、言葉の暴力を浴びせてしまった時もあります。

ただ、小さい頃と何が違うかといえば、ずっと子どもに、

「お母さんは時々あなたたちを叩いたり、ひどいことを言う時がある。決してそれが良い方法だとは思わないんだれど、どうしていいかわからなくなってしまうんだよ。でもそれはあなたたちが嫌いだからじゃないし、あなたたちがだめだからでもない。お母さんはあなたたちを大切に思っているんだよ」

という気持ちだけは言いつづけてきたことです。

そうやって**自分の状態が良い時に、子どもに「あなたは愛されているんだよ」と言うことはとても大事**だと思います。

池川　それは大事ですね。みんなそれをやっていないけど、ぜひやってほしいですね。

未来見基　特に私の場合、上の虐待してしまった子に対しては、大きくなってからもこう言っていました。

「私はあなたをああいうふうにして育ててしまったけれども、それはあなたのせいではないんだよ。お母さんが感情のコントロールが上手にできなくてやってしまったことで、お母さんの

問題だからね。そのことによって、あなたの心に傷ができたかもしれないし、もしかしたらあなたがやがて大人になった時に、同じようなことをしてしまうかもしれない。でも安心して。お母さんはそれを乗り越えて、今は違うでしょう。だからあなたも大丈夫よ」
「あなたがお腹に宿って生まれてきてくれたおかげで、お母さんはこうやって自分を取り戻すことができて、いろんな方に喜ばれることもできるようになった。そこまで導いたのはあなたなんだから、あなたにはその力があるんだよ。今そのことをあなたは疑っていて、自分の力を信じることができないかもしれないけど、でもあなたは間違いなくその力を持っているんだよ」

池川　そうやって最初から仕掛けをしておくといいですね。**「大丈夫だから」「心配ないから」と言われたことが、二〇年、三〇年後に何かの場面にでてきて、きっとその子の役に立つはず**ですよ。

未来見基　それから、とにかく子どもたちみんなの誕生日には必ず、
「生まれてきてくれてありがとう。あなたが生まれたことによって、どれだけ私が喜びに包まれて、変わることができたか」
　ということを言って、記憶の更新をしていきました。

池川　なるほど。毎年毎年、染脳していくわけですね（笑）。

未来見基　そうなんです。うちは貧しかったから、誕生日に、ケーキや物を買ってあげること

はなかったんですね。でもその代わり、その子が生まれたことがどれだけ素晴らしかったかを伝えていきました。

兄弟たちもみんなで手を繋いで、輪になって、一人ひとりが「これからの新しい一年、こういうことを頑張ってね、ありがとうね」というようなメッセージを言うんです。その後で誕生日の子が一人ずつに「ありがとう」と返していくんですね。そうすると兄弟がどんなにケンカして、お互いいやだと思うことがあっても、心の底では信頼し合えるんです。

私も子どもを虐待してしまったことはあったけれど、それを乗り越えてからは、子どもたちに感謝し、たたえて、祝うセレモニーをずっとやりつづけてきました。

池川　なるほど、未来見基家の誕生日はすごくいいですね。ケーキをもらうことより何より、それが本当の誕生祝いになると思いますね。

未来見基さんの場合、自分に対して親が愛情を持っているというのをどこかで信じていたから、子どもたちにも愛情を伝えることができたんでしょうか。

未来見基　確かに、親からのしつけという名の暴力も、愛情の裏返しだということはわかっていましたね。だから子どもにもできたんだと思います。親の愛情に自分が気づくというのも大事なことですね。

平常な時には子どもを愛していることを伝えるようにする。それが子どもの自己評価につながり、虐待を乗り越える力にもなる。

立派な親になろうとしない

池川　先ほども話があったけれど、子どもって親を怒らせるようなことをよくやるでしょう？　わざと親の愛情を確かめるために、いやなことをする時もありますよね。そんな時の未来見基さんの対応は、虐待を止めた後はどうなりましたか？

未来見基　そうですね、子どもへの怒りというのはあるけれど、その叱り方は以前のように、自分の感情を抑えつけることができずにギャーッとなるものではなくなっていきました。

池川　今度は質がちょっと変わったんですね。それまでは感情に任せるままだったのが、本来の「子どもにわかってほしいから怒る」というものになったわけですね。

未来見基　そう、どんどん変わってきましたね。ルールを決めて、「三回同じことを繰り返したら、もうお母さんは手が出てしまうよ」

とか、

「一〇数えるうちにこれを終えてくれなかったら、お母さんどうなるかわからないよ。じゃあ数えるよ。一〇、九、八、七、……」

なんて言うようになりました。そうすると子どもたちが、

「はい、はーい！」

とあわてて終わらせたりするんです。怒られても子どものほうが、

「それは僕が悪かった」

なんて言うようになるんですね。だからだんだんそんなに怒らなくてもよくなって、冷静な自分でいられるようになりました。

たとえばもし子どもが突然線路に飛び出したら、親はとっさに「こら！　ダメー！」と怒鳴ったり、わざときつく叱るかもしれませんよね。でも別にそれを年中やる必要はなくて、言わない方がうまくいくこともあります。そういうことが、だんだん感覚でわかってくるんですね。

そうやっているうちに気づいたのが、自分が親だからといって、子どもを立派にしつけようと頑張る必要はないということです。**立派な親になる必要もないし、立派な奥さん、立派な嫁になる必要もない、等身大の私でいい。喜怒哀楽を出して、子どもたちと一緒に泣いて笑って怒って、一緒に楽しめばいい。困った時は「助けて」って言っていい。**そんなふうに思えるように

なりましたね。

池川　本当にそうですよね。みんな理想のお母さんじゃないとだめだと思っているんです。でも**子どもを産むって、それだけですごいこと**なんですよ。場合によっては中絶したりして、生まれない命もあるんです。とにかくお母さんが産むところまでいかないと、赤ちゃんはこの世に生まれてこられないんですよね。

無事に産むことができたら、そのあとどうするかは子どもが決めていくことだ、と思うくらいでもいいんじゃないでしょうか。

未来見基　親は子どもを産んだだけで、もう親の役割を果たしているんですよね。そして産んだ子を育ててくれるのだったら、それだけでありがたいことなんです。私もそのことに気づいてから変わりましたね。

池川　親に対して、それ以上のことを期待しないことも大切ですね。

未来見基　子どもも、無事に生まれてきたというだけで、親に対する子どもとしての役割を果たしているんですよね。だからそれで役割は完結と思ったらいいんです。

池川　そう、子どもが親の期待以上のことをしてくれたら、すべてプラスアルファなんですよね。プラス一〇点、プラス二〇点と加点していくだけなんです。

私が胎話や胎内記憶のことを調べてきてわかったのは、胎児が死のうと思ったら死んで生まれてくるということです。お母さんが「無事に子どもを産みたい」と願っていても、子ども自身が「無事生まれたい」と願っていないと、生まれてこないんです。だとしたら子どもも、生まれただけで「産みたい」と思っているお母さんの役に立っているんです。

子どもというのは、ただいるだけでお母さんを幸せにしているわけですね。お母さんはお母さんで、無事生まれたいと願う子どもを無事産んでるわけだから、それだけで子どもを幸せにしていますよね。そこでお互いに相手を幸せにしているんです。

だからその**子どもが大きく育っているなら、それだけで充分**なんですよ。なのに親はそれが当たり前と思って、プラスアルファの方が大切だと思ってしまうんですよね。行儀がいい子とか頭のいい子とか。でもそれは本来どうでもいいはずなんです。

理想の親にならなくてもいい。
親は無事産んだだけでその子を幸せにし、子どもは無事生まれただけで親を幸せにしている。それ以上の評価は加点でいい。

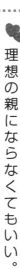

連鎖を変えるチャンスを生かそう

未来見基　私も今、よく子どもたちに言うんです。「あなたたちのテストの点数が良くても悪くても、高校に受かっても受からなくても、大学に行っても行かなくても、結婚してもしなくても、お母さんはそんなのどうでもいい。あなたたちがこの世に生まれてきてくれて、私を親にしてくれて、親として育ててくれて、今生きてくれているだけで満足なんだよ」って。

池川　そう言っていると、本当に子どもがいい子になるんですよね。

未来見基　そうなんですよ。子どもたちもそんな時は、「お母さん、ありがとう。自分を生んでくれてありがとう」と答えてくれます。そんなことを言われたら、親としてはたまらないですよね。虐待なんてできなくなってしまいますよ。

私は手紙を書かないのに、うちの子どもたちはいつも、私が仕事から帰ってくると手紙をくれるんです。この前の娘からの手紙にはこう書かれていました。

「お母さんへ　いつも家族のためにいろいろとがんばってくれてありがとうございます。一二年間いろいろと楽しい日々をくれたので、今私はおこづかいがいっぱいたまったので五〇〇〇円をあげます。またいっぱいたまったらあげるね。いつもいつもありがとうございます」

末っ子の三男も先日、「いつも僕たちのために、お仕事をしてくれてありがとう」と書いて、おこづかいを渡してくれましたよ。

池川　お母さんとしては幸せですね。こういう子と勉強だけできる子とどっちがいい？と親御さんたちに聞いてみたいですね。でもわりと多くの方が「勉強できる子のほう」って言いますけどね（笑）。

未来見基　やはり辛い状態の時でも「あなたがいてくれたおかげで、お母さんはこんなにもうれしい思いをしているんだよ」と伝えつづけてきたことは大きかったと思います。子どもに対しても、**ネガティブな闇を与えてしまったら、その分光も与えるようにすること**が大切ですね。そうすればきっと大丈夫です。

池川　未来見基さんの下の子たちは、虐待を止めてから生まれ、ずっと愛情を伝えてきたわけだから、絶対に虐待はしないでしょうね。する必要も感じないでしょう。

未来見基　きっとしないでしょうね。今でも私がカーッとなることはあるんですけど、末の子は「まあ、お母さんは、そういうところがあるからね。あ、でも僕もあるな」なんて冷静に分析していますよ（笑）。

誰でも育児で悩んで、子どもに手を出してしまうことがあるかもしれません。でも育児とは、**その家庭で引き継がれてきた虐待の連鎖を止めることができる、大チャンス祭でもある**んです。自分次第で変えることができるのだから、そのチャンスを活用してほしいですね。

池川　確かにチャンスだと捉えれば、すごくいいチャンスですよね。

未来見基　私も子どもがお腹にいる時からそのことを感じて、祈りの言葉を毎日聞かせていました。

「私のお腹の中の赤ちゃんは、ひろーくて、まーるくて、豊かな心の持ち主です」とか、「生まれてくる時にいらない情報があったら、あなたたちの心の美しさでそれを取り消してね」というように。

池川　それは大事ですね。実は妊娠出産の時にどれだけお母さんが変われるかが、虐待するかしないかに大きく左右するんです。その時期をぜひ活用してほしいですね。

ネガティブなことをしてしまっても、「あなたたちが生まれてきてくれて、今生きているだけで満足だよ」と言っていれば、きっとうまくいく！

少しずつ変わればいい

未来見基　たとえば私の場合、母は自分が虐待したわけではなく、言うことをきかない私にしつけをしていたと思っているはずです。でも母は母で、それでいいと思うんです。それでも私は私の代で、子育てに今までと違う書き換えをして、違う対応を子どもにしていきたいですね。

もちろん、親の代の経験を踏まえて理想の子育てになっていくまでには、まだまだ何十年もかかるとは思います。

池川　時間がかかることですからね。

未来見基　だけどそれまでの間もあきらめないことですね。**虐待を最初から止めることができなくても、ちゃんとした対応もしつづけることで、いつか必ず変わるはず**です。

大事なのは、**最初から全部直せなくてもいいと思うこと**です。マックスが一〇〇としたら、次に九九になったら「よかった！」、次は八〇を目指して、八〇になったら「やった！」と喜び、また九〇に戻ったら「ちょっと失敗しちゃったな。でも今度はちょっとこの部分を戻せばいいんだよね」と考えていけばいいんです。

全部をいきなりゼロにしようと思うと苦しくなるんです。毎日叩いていたなら、一週間に二～三回になっただけでも奇跡です。それだけでも立派なことなんですよ。

池川　そう、少しずつでもできればいいんですよね。それを続けていけばいいんです。

未来見基　この時、すでに虐待を止めた経験のある人がいれば、そのケースをモデリングするといいですね。

池川　そのモデルが周りにいないから、どうすればいいかわからないという人も多いでしょうね。そういう方には、ぜひこの本の未来見基さんのケースを参考にしてほしいですね。

未来見基　たとえもう虐待を乗り越えたとしても、なかなか「自分が虐待してました」なんて言ってくれる人は少ないですからね。

池川　だけどその経験は、必ずほかの人に光を与えるはずです。すでに乗り越えた方々には、次に続く人たちの道しるべになるメッセージを発信してもらえたらうれしいですね。

未来見基　もののとらえ方や価値観を変えるには、人それぞれぴったりの方法があって、みんな違うかもしれません。でも**どれにも共通することもあります。一番はやはり、それが自分にとって心地いいかどうか**ですね。

池川　お母さん・お父さんが心地いいことを探していけるといいですね。

未来見基　「ああこんなにおいしいものを飲んだのは初めて。こんなにおいしい食事をしたのは初めて。こんなにいい場所で過ごしたのは初めて。こんなに人の前でリラックスしたのは初めて」というように、「気持ちよかった！」という体験を、子どもを預けてでもいいから、自分へのご褒美に一度してほしいですね。

池川　**一日ボーッとすることでもいい**ですよね。なんにもしない。何も考えない。子育てしていると普段そんな時間はないですからね。

未来見基　携帯の電波も繋がらない田舎に行くのもいいですね。よく子どもの山村留学というのがありますが、私はお母さんのための山村留学を企画したいんです。

みんな虐待を止める方法を知らないだけで、能力がないわけではないんです。でもその方法は言葉で伝えることはできても、実際どのタイミングで何をやればいいかは、実践しないと難しいですよね。今はそのトレーニング施設がないから、それを作りたいですね。

池川　いいですね。そんなふうに虐待を根本から変える施設、自動車教習所じゃなく「お母さん教習所」のようなところが、今の世の中には必要ですね。

最初から完璧を目指さない。少しでも改善していたら喜び、次をめざしていけばいい。あきらめないでやっていけば必ず変えることができる！

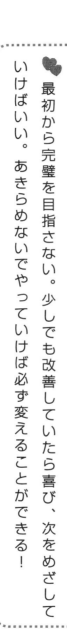

虐待の連鎖を止める条件とは

池川明

否定せずに体験を認める

対談の中で未来見基さんが、「条件がそろえば、虐待の習慣は簡単に外れていきます」と語っていますが、ほかにも私の友人で同じことを言っている人がいます。それは映画『うまれる』の豪田トモ監督です。

監督は、虐待の連鎖を止める条件として、次の三つをあげています。

・自分が虐待されていた体験を認めること
・虐待を止めるという強い意志
・支えてくれる人、応援する人の存在

豪田監督が取材で出会った、虐待体験のある人たちは、この条件がそろった時に虐待を止めることができたそうです。

ここにもある通り、虐待をする人のほとんどが、自分も虐待された経験を持っています。**虐待を止めるためには、それが自分の親から連鎖しているという事実を、まず認識することが大切です。そうすることで、自分がどう対応すべきかがわかるからです。**

ところが虐待された事実というのは、誰にとっても認めることが難しく、中にはすっかり記憶から消し去ってしまっている人もいるようです。

子どもというのは親がすることはすべて正しいと思い込むものです。親の言動に問題があることや、その原因などをはっきり認識することはできません。虐待されたとしても、自分がいけなかったからだと思い込み、自分を否定してしまうのです。

すると大人になってから、その事実に向き合おうとした時に、自分を否定する気持ちがよみがえり、耐えられないような苦しみを感じるのです。

ですから、虐待されていた体験を振り返る時は、**ありのままに事実を認め、否定的な感情を持たないこと**がとても重要です。もし批判をせずにただ受け止めてくれるような人がいれば、その人の力を借りるのもいいでしょう。誰かから「本当はあなたが悪いわけではなかった」と言ってもらえれば、否定的な感情もなくなっていくはずです。

虐待を止めるというミッションを思い出す

では次に、虐待を止めるという強い意志を持つにはどうしたらいいのでしょうか。

ここでは、**自分が生まれてきた使命は何か、考えてみるといいかもしれません。**

胎内記憶を調査していると、子どもたちにはそれぞれ目的があって、虐待する親を選んでいることがわかります。胎内記憶のある子たちは、虐待する親のもとに生まれる子について、口々に「子どもにひどいことをする親のことも、自分で選んでいる」と言います。

ではなぜそのような親を選ぶのかと聞くと、「そういうことをしてはダメだと親に教えたいから」「命の大切さを教えたいから」「親に虐待を止めさせるため」などと答えてくれます。

中には未来見基さんのように、大人になってもそのことを覚えている人もいます。

Aさんという女性は、自分の使命を達成するために、わざと虐待する親を選んだ記憶があるといいます。Aさんは、「幼い時に過酷な体験をすれば、早く過去世からのカルマを解消できて、後の人生は自分の自由に使えると思っていました。その自由になった時間で、生まれてきたミッションを果たしたかったのです。だから虐待してくれそうな親を選んできました」と語っています。

虐待する親を選ぶ目的はそれぞれ違うようですが、その多くに共通するのが、親にずっと虐待を続けてほしいと思っているわけではない、ということです。むしろ「虐待を止める」という使命感があって、自らが犠牲になりながら、それを達成しようとして生まれてきた子たちが多いことがわかります。

しかし実際に、生まれてきた子どもが、親の虐待を止めさせるのは非常に困難です。虐待された子どもたちは苦しみ、心に傷を負って、生まれてきたことを後悔することもあります。未来見基さんもAさんも、あまりのつらさに、何度も命を絶とうと考えたと言っています。

では親の虐待を止めることができなければ、その子の使命が果たせなかったことになるかというと、決してそうではありません。もし親に虐待をされていたら、自分が親になった時に、子どもを虐待しなければいいのです。そうすれば**連鎖がそこでストップし、「虐待を止める」という生まれた時に持っていた使命を、自分の代で達成できる**ことになります。

ですから親に虐待をされていた方は、ぜひ自分に問いかけてみてほしいのです。本当は心のどこかに、虐待の連鎖を止めたいという気持ちを持っていないかどうか、子どもにひどいことをして自己嫌悪になるのは、本心が望むのと逆のことをしているからではないかと。

もし虐待を止める使命を感じたら、自分の代で絶対にそれをやりとげると決意すれば、必ず達成することができるはずです。

ここで私がおすすめするのが、**一〇年後の自分をイメージ**するワークです。ゆっくり落ち着いて考える時間をとり、一〇年後に自分がこうありたい、こういう家族になっていたいという状況や、それをやり遂げた時の満足感を想像してみましょう。

もし未来の姿がありありと思い浮かべられるようになったら、実現の可能性がより高まります。イメージすることにより、それを実現する方向へと意識が向けられ、おのずと行動も変わっていくからです。

自己評価を高めれば、子どもも評価できる

さらに、虐待を止めるためには、**親御さん自身の自己評価を高めることが重要なキー**となります。

子どもの時に虐待を受けた人は、自分を否定されて育ちますので、たいていは自己評価が低く、ありのままの自分を認められないまま大人になります。すると他人のことも評価できなくて、同じように否定してしまいます。自分の子どもに対しても、思い通りにならないと否定してしまい、怒りがわきやすくなって、虐待を起こしてしまうのです。

一方で、ありのままの自分を肯定できている親の場合はどうかというと、子どものことも良い悪いで判断せず、まるごとその個性を肯定することができます。まるごと相手を認めていれば、何かあっても必要以上に怒りを感じることもなく、冷静に対応できるのです。

もし「この子のこんなところは良くない」と子どものことを否定したくなったら、自分が小さい頃を振り返ってみましょう。実は自分自身が小さかった頃に同じことをして、親などから否定されていたから、わが子のことも否定していただけだった、ということもよくあります。

人の個性は、ある時は長所になり、ある時は短所になりますから、子どもの頃に否定された個性が必ずしも悪いとは言いきれません。大人になって振り返ってみれば、自分が小さい時に否定された部分が長所でもあることがわかるはずです。

このようにして、まず親自身が自分を無条件に認め、愛していければ、多くの子育ての問題は解決します。虐待も必ず減っていくはずです。

この時、**もし親御さん自身のことを批判せずに認め、支えてくれるような他者の存在があれば、大きな助けになります。**そのような人に頼ってみるのもいいでしょう。

特に一人で育児や家事をがんばっても、誰にも評価してもらえないお母さんの場合、なかなか自分に自信を持つのが難しくなります。家族がそんなお母さんのことを認めてあげることも必要です。

ただ、人間関係では、自分が自分を好きになれないと、なかなか人からも好かれず、自分が自分を認められた時にはじめて、多くの人たちから認められるようになります。ですから他人に評価してもらうのを期待するより、誰よりもまず自分が、ありのままの自分を認めることがとても大切です。それができた時、自分も周りの人の良いところを認められるようになり、周りからも自分が評価されるようになるでしょう。

自己評価を高めたい時は、私がクリニックで妊娠中の方に実践していただいているワークがおすすめです。まずお母さんのいいところについて、旦那さんや生まれる子のお兄ちゃん・お姉ちゃんなどからたくさん挙げてもらいます。それからお母さん自身も、旦那さんやお兄ちゃん・お姉ちゃんの良いところを挙げていきます。さらにお腹の子ちゃんに、その子を愛していることや、認めているということをたくさん伝えていきましょう。そうすればお腹にいる間に子どもとしっかり絆を深めることができ、生まれた後、子育てで思い通りにいかない時があっても、うまく乗り越えられるはずです。

もちろんこのワークは、子どもが生まれてから実践しても遅くはありません。

家族がお互いの良さを見つけることで、それぞれの自己肯定感を高め、相手に対する評価も高めることができ、家族関係が改善していくでしょう。

付録「自分への質問」

ここでは、対談中で二人が「このように自分に問いかけてみるとよい」と話していた内容をまとめています。これらの質問を、ぜひじっくりと自分に問いかけてみてください。きっと虐待や子育ての問題の原因がわかり、より良い親子関係を築くことができるでしょう。

✓ 両親があなたを育てた背景と連鎖を知る

・両親はあなたをどのように育てましたか？　虐待されることはありましたか？

・なぜそのように育てたと思いますか？

・あなたのお父さん、お母さん、おじいさん、おばあさんはどんな人でしたか？

・おじいさん、おばあさんはあなたの両親をどのように育てましたか？　虐待はしていませんでしたか？

・そのように育てた原因は何だったと思いますか？

・両親や祖父母が育ったのはどのような時代でしたか？

・ひいおじいさん・おばあさんやそれ以前の先祖の間の親子関係や、時代背景はどうでしたか？そこから今に受け継がれていると思う、子育ての連鎖のようなものはありませんか？

・あなたの子育ての中で、これは親から受け継いでいる連鎖だと思うようなことはありますか？

・それを自分の代で変えたいと思いますか？　変えたい場合、どんなふうにしていきたいですか？

・今まであなたは親から愛情を感じたことはありますか？　それはどんな場合ですか？

✅ 子育ての方法を変える

・あなたが子どもの時、親やほかの大人たちにされて、いやだったことはありませんか？

・その時あなたは、本当はどうしてほしかったのでしょうか？

・相手はその時、本当は何をあなたに伝えたかったと思いますか？

・それを伝えるのに、あなたならもっと良い方法がありますか？

・あなたが自分の親にしてほしかったことを、子どもにしてみることはできませんか？

・虐待や親子関係で嫌な思いをした体験が、自分にとってプラスになったと思うことや、これからプラスにできそうなことはないでしょうか？

☑ 子どもを叩いたり、暴力をふるう、暴言を吐くなどしてしまう場合

・どうして自分が子どもを叩く（暴力をふるう・暴言を吐く）のかわかりますか？

・親に同じことをされた経験はありますか？

・あなたが親にそうされた時、どんな気持ちでしたか？

・子どもが悪いことをした時、そのような対応で本当に子どもを変えられると思いますか？

・叩いたりして子どもが悪いことをしなくなった時、あなたはどんな気持ちになりますか？

・あなた自身は暴力や暴言で自分の性格を変えたいと思いますか？

・しつけるのに暴力や暴言が一番有効だと思いますか？　もっといい方法はありませんか？

✓ 心からリラックスするもの、好きなものを探す

・あなたは何をしている時に、心からリラックスするとか、心地いいと感じますか？

・子育てしながらできるリラックス手段は何でしょうか？

・子どもの頃好きだったこと、ワクワクしていたことはありませんか？

・そのことを今、やってみたいですか？　やってみたい時はどうしますか？

✓ 習慣や意識を変える

・「子どもがこうしたらこうすべき」というような、子育てに対するこだわりはありますか？

・そのこだわりは必要だと思いますか？

・あなたの今の子育てに対する価値観は、どのようにして培われたと思いますか？

・自分の子育ての習慣や意識の中で、変えたいところはありますか？

・あなたにとって、理想的な未来の親子関係はどのようなものですか？　また、あなたは一〇年後どうなっていたいですか？　より具体的に思い浮かべてください。

・理想的な親子関係や自分の状態にむけて、これからどのような行動をしていきたいですか？

・あなたの家族にとって、あなたの良いところはどこでしょうか？　それぞれからあげてもらいましょう。

・あなたにとって、家族それぞれの良いところはどこですか？

・今この場で、幸せだと思うことは何でしょうか？

おわりに……暴力のない子どものしつけとは？

未来見基

躾（しつけ）という字は、「身を美しく」と書きますね。つまりしつけとは、その子が人として美しい心や行動、生き方が自然とできるように、習慣化させることとです。

子どもを「幸せにしたい」という思いを掲げ、しつけを行ったとしても、そこに罵声や暴言や体罰などの暴力があるならば、それは本当のしつけではありませんし、そのようなしつけで身に着けた行動や習慣は、真のものではありません。**暴力に、しつけの効果はありません。**

暴力は簡単に相手をコントロールすることができます。相手を脅し、動きを一時的に封じ込めることができます。多くの大人が、親が、その暴力を「しつけ」という名前で呼び、自分の言動を正当化します。

自分の行動を自覚し、悪いことだと認識しながらも、自分の感情をコントロールすることができずに暴力をふるい、自分を責めつづける親や、いけないこととも思わず、「しつけ」と信じて平然と体罰をしつづける親が後を絶ちません。

あるいは、なじり、そしり、粗悪な言葉で心に叩きつける。これも暴力です。

暴力にしつけの本来の効果は生じないだけではなく、大人になってもそのことにより心身に影響が及び、その子の本来の輝きがなかなか発揮できません。なぜなら、いつも言葉による暴力を受けていたことで、自尊心や自己評価が低く、自己肯定感が薄くなっているからです。

「男の子は叩いて育てろ！」「男は殴らないとわからない」「犬猫だって叩かないとわからないのだから、子どもだって叩かなきゃわからないこともある」などという価値観がいまだ残っている人に会うと、私は本当に驚きます。


暴力には、「暴力の連鎖」しか生まれません。言葉の暴力には、「言葉の暴力の連鎖」。体罰の暴力には、「体罰の暴力の連鎖」。


子どもに暴力を行う親は、実際はしつけをするという名のもとで、憂さ晴らしをしている可能性も高いのです。自分がうまくいかないことや、日々のいら立ち、夫婦間、仕事、何らかの人間関係のトラブルなどによりストレスがたまったとき、子どもをしつけるという行為でストレスを解消したり、復讐をしているのです。

自分が疲れているときを思い出してください。一番弱い存在にあたっていることが多くありませんか？　一番理解してほしい存在につらくあたってしまうことはありませんか？

子どもは、そもそも親の思い通りにはいかないのです。そこで、親は思い通りにしようとして、何とも力づくで、子どもをコントロールします。子どもの行動や感情、思考までコントロールしようとしているのです。

しかし、子どもは、彼ら自身を生きているのです。彼らの時間軸があるのです。彼らの成長の過程がそれぞれにあるのです。それはほかと比較することではありません。どんな子にも、その子の意思や感情が存在していることを忘れないでください。

暴力によってしつけられた子が、一時的に静かに親の言うことを聴いたとしても、それは親の伝えたかったことを理解したからではありません。ただ単に暴力に対する恐れから、親に服従しているだけです。

大人の社会では、人を脅したり、暴力を行ったら犯罪となり、法の裁きを受けます。なぜそれほどの裁きをうけるその暴力は、家庭の中で日常茶飯事になっているのでしょうか？

もしかしたら、一生に一度くらいは、いざ暴力が必要となる日があるかもしれません。生死にかかわるような場面に遭遇したとき、我に返らせるために、目覚めのための一発があるかもしれません。真剣に向き合い、愛が伝わった時、子どもの心が動かされ、難なきを得るということもあるかもしれません。けれど、暴力を必要としないのに越したことはありません。

暴力を受けて育った子どもが親になった時は、自分が親にされたように子どもに暴力をふるいます。それが負の連鎖です。なんとしても、親の代で変容していきたいものです。いえ、親の代でやめないとならないのです。

大丈夫、誰でもやめることは可能です。私たちがしつけに必要とするものは、「暴力」ではなく「愛」です。子どもと向き合い、子どもの心を知り、子どもの気持ちを受け止め、言葉で伝えていきましょう。時間がかかっても、何度も同じことの繰り返しであっても、真剣に向き合いつづけてください。彼らの心に響く言葉を語ってください。暴力は、その行為ができない親の逃げでしかありません。


私は多くの暴力と共にしつけられてきました。体罰も多く受けましたが、それにも増して多かったのが言葉の暴力でした。その結果、私に身についたのは自己尊厳の低さです。自分を取り戻すのに実に三三年かかりました。

一六年の日々を親と共に過ごし、その後の五年間で自分の親とほかの人たちとの価値観とのズレに気がつき、結婚をして四人の子の母になりましたが、それからの七年もの間、子どもへの連鎖を止める道のりは大変に厳しいものでした。自分を育みなおすことに、非常に時間と労力がかかりました。大人になっても親の言動に怯え、恐怖を抱き、自分の親が孫にあたるわが子を折檻しても助けてやれず、苦しみつづけていた私でした。

それでも、四人の子どもを育て、育児の喜び、楽しさ、大変さも含め、かけがえのない体験をさせてもらい、この子どもたちから愛を教わって、自分を取り戻していきました。そして私自身、子どもと共に自律を学び、自分を育みなおすことができたのです。長男には、負の連鎖で接してしまった時期があり、理想とはかけ離れた育児を行ってしまいましたが、途中で何とかそのループからも抜け出し、子育てを楽しんでまいりました。

私を救ったのは、今でいうコーチングでした。しかしこれは誰かから教わったわけではなく、セミナーやセッションに行って身につけたものでもありませんでした。あまりの極貧生活で衣食住がままならない状況下におりましたので、ほかに相談に行ったりすることができなかったのです。自ら超える以外私には道がありませんでした。それでも、「きっと日常生活の中に、自分を取り戻し、自分を育みなおす答えがあるはずだ」と確信していました。そして毎日毎日こう考えていました。「縁があって私のお腹の中に宿ってくれて、授かったこの子どもたちを育んでいくにあたり、大切にすることとは何だろう？　いったいこの子のこれからの人生で必要なことは何だろう？　いつかは私のもとから巣立つこの子たちに、私は何を残すべきなのだろうか？」と。

それは内在する叡智にふれるような出来事でした。

思慮の末、次のようなことを子どもと一緒に体験していくことで、子どもたちがどんどん輝きだし、そして親である私も充実した人生を歩み始めたのです。

・愛すること愛されること
・自分の感情を律すること
・自分の人生や言動、行動に責任をとること
・人の役に立つ喜びを知ること

口うるさく言うことや手を出すことをやめ、子どもを百パーセント信頼。子どもの仕草や反応、言語、行動を思いっきり楽しみました。自分が育てられて嫌だったことをやめ、もっと尊重してほしかったことを子どもたちにしてみたのです。

まず、愛の伝わるコミュニケーションを育んでいきました。子どもは「愛されていない」と感じた時に、親や大人にとって困るようなことをしたりします。最初に親や大人が子どもの存在や行動を拒否するから、子どもも心を閉ざすのです。

私は「お前なんて、何の役にもたたないゴミ以下の人間だ」「お前は何もできないだらしのない人間だ」と言われつづけて育ちましたが、子どもが生まれてから、人は何ができなくても存在するだけで、人の喜びになり、人を明るくし希望をもたらすのだと知りました。そこでわが子には、その存在のままで愛されていることを伝え、自己肯定感を育めるように努めてきました。子どもとの信頼関係を築いて、子どもの「やりたい」を育めるように努めてきました。

それから、よく子どもと一緒に生活まわりのことをしました。いわゆるお手伝いです。どん

な些細なことでも、お手伝いは自分の行いが人の喜びにつながることを体験できる、またとないチャンスなのです。

もともと子どもは親の喜びになることが大好きです。喜んだ笑顔を見るのが大好きなのです。ですから子どもがお手伝いをして上手くいかなかったとしても、手伝おうとしてくれたことやその行為に対して、その喜びを言葉に表して伝えていくといいのです。

さらに、自分の環境の中で起こっていることや、自分の行動によって起こったことに対して、子どもが対応する力を育んでいきました。それを責任能力といいます。

人は自分にとってよくないことに不快感を生じます。これは子どもでも大人でもです。その不快を自ら乗り越えて、快に変えていくことができるようにサポートしていきましょう。

それには困ることや、悩むこと、考えること、向き合うこと、行動することを子どもに体験させることが必要です。そのプロセスを奪ってはなりません。急がせてはなりません。子どもにとって葛藤を充分体験することは、責任や自立を学ぶ大きな成長につながります。その子のペースでよいので、自分の問題と向き合い、悩み、気づき、解決のための行動にでるまで、時間を十分に与えてください。

子どもを委縮させることもなく、見守り、余計な手出し口出しをせず、子どものとる行動を見ていてください。親は「待つ」という力に磨きをかけましょう。

人を育むということは、最高の喜びと楽しさを味わえる、素晴らしい偉業です。親自身の人生の成長にも貢献できるだけではなく、子育てをしている時期そのものが充実したものになります。

子どもが人を親にさせてくれます。愛あふれる行いを為すことできるのも、子どものおかげです。どんな性格の親であっても、どんな不出来な親であっても、だれよりも頼りにして誰よりも愛してくれている子どもたち。その子どもたちの愛をどうぞ感じてください。

どんな子であっても、その子をハグすることから始めてください。「心」をハグしましょう。必ず愛は伝わります。そして親であるあなたもハグをされてください。

子どもが自分で自分のしあわせを得ることができるように、育んでまいりましょう。

思い通りにいく子育てを目指す人生よりも、思いもよらない最高の喜びを味わい、堪能しあいましょう！

池川明（いけがわ・あきら）

1954 年東京生まれ。帝京大学医学部卒業。医学博士。上尾中央総合病院産婦人科部長を経て、1989 年横浜市に産婦人科の池川クリニックを開設。胎内記憶・誕生記憶研究の第一人者としてマスコミ等に取り上げられることが多く、講演などでも活躍中。母と子の立場に立った医療を目指している。著書に『おぼえているよ。ママのおなかにいたときのこと』『ママのおなかをえらんできたよ。』（以上、二見書房）、『男の子が生まれるママ　女の子が生まれるママ』（フォレスト出版）、『笑うお産』（KADOKAWA）など多数。

未来見基（みきみき）

「胎話士」の創始者であり、1995 年から胎児との胎話を始める。「ミラクルMIKIMIKI」の名でも親しまれ、ミラクル・トランスフォーメーションで人生の転機を迎えた人々への変容と進化を促している。育児コーチングマスターコーチとしても活躍。日本全国で 3 万人の人々と交流し、妊娠、出産、育児に関わる不安や恐れ、悩みなどの心の詰まり・ブロックを解放。母と子が共に響きあいはぐくみあう「いのちの響育（きょういく）」を行う。「オニババ育児をしてきた」「育児に自信がなかった」というお母さんたちが、笑顔を取り戻して、子どもの成長をあたたかく見守り育くむことに喜びを感じる、愛に富んだお母さんとなるサポートを生き甲斐とし、「180%人生が変わった」と感謝を受け取っている。
育児の悩みを快感に換える「育児コーチングコーチ講座」、ママと赤ちゃんの心の架け橋となるセラピストを育成する「ベビートークリーディングセラピスト講座」を関西、関東、沖縄で開講中。

※協力者募集中！※

この本をできるだけ多くの方に知っていただくために、ご協力くださる方を募集しています。

商店、ネットショップ、イベント等での販売や配布にご興味がありましたら、ぜひお気軽にご相談ください！

＜お問い合わせ先＞
新日本文芸協会 リュウメイズ企画
http://www.sn-bungei-kyoukai.com/
TEL 050-3735-9135　FAX 050-3645-5338
E-mail daihyo@liumeis.com

脱ペアハラ・脱虐待でハッピー子育て！

2015年11月22日　第1版第1刷発行

著者　池川明・未来見基

発行者　橋本留美

発行所　新日本文芸協会
〒303-0046　茨城県常総市内守谷町きぬの里 2-18-1
(東京・神奈川支部)
〒222-0001　神奈川県横浜市港北区樽町 2-13-2
TEL 050-3735-9135　FAX 050-3645-5338

発売元　株式会社星雲社
〒112-0012　東京都文京区大塚 3-21-10
TEL 03-3947-1021　FAX 03-3947-1617

＜装丁＞　大塚のり子
＜写真提供＞　北川孝次
＜取材協力＞　高天麗舟
＜印刷・製本＞　株式会社ウォーク
＜企画・編集＞　橋本留美（リュウメイズ企画）

ISBN 978-4-434-21187-4